Königin bist Du
Das Rosenalbum

RAINER MARIA RILKE

Königin bist DU

Das Rosenalbum

Bibliografische Information der Deutschen Nationalbibliothek
Die Deutsche Nationalbibliothek verzeichnet diese Publikation in der
Deutschen Nationalbibliografie; detaillierte bibliografische Daten sind
im Internet unter http://dnb.d-nb.de abrufbar.

Besuchen Sie uns im Internet:
www.st-benno.de

Gern informieren wir Sie unverbindlich und aktuell auch in unserem
Newsletter zum Verlagsprogramm, zu Neuerscheinungen und Aktionen.
Einfach anmelden unter www.st-benno.de.

ISBN 978-3-7462-6079-2

© St. Benno Verlag GmbH, Leipzig
Zusammenstellung: Volker Bauch, Gößnitz
Umschlaggestaltung: Rungwerth Design, Düsseldorf
Titelbild: © stock.adobe.com/Aleksandra Smirnova;
Rosenicon: © Best-Icon/shutterstock;
Gesamtherstellung: Ufer Verlagsherstellung, Leipzig (A)

Inhalt

Königin
bist Du

Königinnen seid ihr und reich

Königinnen seid ihr und reich.
Um die Lieder noch reicher
als blühende Bäume.

Nicht wahr, der Fremdling ist bleich?
Aber noch viel, viel bleicher
sind seine Lieblingsträume,
sind wie Rosen im Teich.

Das empfandet ihr gleich:
Königinnen seid ihr und reich.

Von Brot und Rosen

Gemeinsam mit einer jungen Französin kam er
um die Mittagszeit an einem Platz vorbei,
an dem eine Bettlerin saß und um Geld bat.
Sie hielt sich immer am gleichen Ort auf
und nahm die Almosen entgegen,
ohne auch nur einen Blick auf die Geber
zu verschwenden.
Rilke gab ihr nie etwas,
während seine Begleiterin der Frau öfters Geld gab.

Als die Französin eines Tages fragte,
warum Rilke der Frau nie etwas gebe,
erhielt sie zur Antwort,
dass man ihrem Herzen und nicht ihrer Hand
etwas schenken solle.

Einige Tage darauf brachte Rilke
der Bettlerin eine schöne, frisch erblühte Rose
und legte sie in die um Almosen bittende Hand.

Da geschah etwas Unerwartetes:
Die Bettlerin blickte zu dem Geber auf,
erhob sich mühsam vom Boden
und ging mit der Rose davon.

Eine Woche war die Bettlerin nicht mehr zu sehen.

Dann saß sie wieder wie zuvor

an ihrem gewohnten Platz

und wandte sich weder mit einem Blick

noch mit einem Wort an ihre Geber.

Auf die Frage der Französin,

wovon die Frau während der Zeit,

in der sie keine Almosen erhalten habe,

gelebt habe, antwortete Rilke:

„Von der Rose."

Anekdote um Rainer Maria Rilke

11

Erste Rosen

Erste Rosen erwachen,
und ihr Duften ist zag
wie ein leisleises Lachen;
flüchtig mit schwalbenflachen
Flügeln streift es den Tag;

und wohin du langst,
da ist alles noch Angst.

Jeder Schimmer ist scheu,
und kein Klang ist noch zahm,
und die Nacht ist zu neu,
und die Schönheit ist Scham.

Alles ist mir lieb

Alles ist mir lieb, die Sommersprossen
und die Spange, die den Ärmel schloss;
oh wie unerhört und unverflossen
blieb die Süßigkeit, drin nichts verdross.

Taumelnd stand ich, in mir hingerissen
von des eignen Herzens Überfluss,
in den kleinen Fingern halbzerbissen,
eine Blüte des Konvolvulus.

Oh wie will das Leben übersteigern,
was es damals, schon erblüht, beging,
als es von dem eigenen Verweigern
wie von Gartenmauern niederhing

Die Stube mit den kühlen
Rosen an den vielen Vasen,
drinnen wir in rieten Stühlen
lehnten, leise Lieder lasen –
und mein Auge sehnte zag,

ist die einsame Kapelle,
welche Zuflucht mir bedeutet;
warten will ich an der Schwelle,
bis mir deine Stimme läutet
meinen Lebensfeiertag.

Die klare frische Rosenblüte

Die klare frische Rosenblüte streichelt
mein geschlossenes Auge leicht,
als legte sie noch tausend kühle Lider,
eines auf das andere, über
mein heißes Lid. Und tausend Schlummer
breitet sie dann über meine Täuschung hin,
darunter streif ich selbst umher
im Duft des Labyrinths.

Les Roses -
Die Rosen

Les Roses

I

Si ta fraîcheur parfois nous étonne tant,
heureuse rose,
c'est qu'en toi-même, en dedans,
pétale contre pétale, tu te reposes.

Ensemble tout éveillé, dont le milieu
dort, pendant qu'innombrables, se touchent
les tendresses de ce cœur silencieux
qui aboutissent à l'extrême bouche.

II

Je te vois, rose, livre entrebâillé,
qui contient tant de pages
de bonheur détaillé
qu'on ne lira jamais. Livre-mage,

qui s'ouvre au vent et qui peut être lu
les yeux fermés ...,
dont les papillons sortent confus
d'avoir eu les mêmes idées.

Die Rosen

I

Manches Mal erstaunt uns deine Frische,
du glückliche Rose,
wie du dich in dir, im Innersten,
Blütenblatt an Blütenblatt, hast ausgeruht.

Hellwaches Ganzes, dessen Mitte schläft,
während sich die ungezählten
Zärtlichkeiten dieses stillen Herzens sanft berühren,
grenzend an einen äußersten Mund.

II

Ich sehe dich, Rose, halbgeöffnetes Buch,
es enthält Seiten genug,
das Glück zu beschreiben,
und niemand wird sie entziffern. Zauber-Buch

öffnet sich dem Wind und dem, der es versucht
mit geschlossenen Augen zu lesen . . .,
und Schmetterlingen, die verwirrt entgleiten,
weil sie schon Gedanken mit ihm teilten.

III

Rose, toi, ô chose par excellence complète
qui se contient infiniment
et qui infiniment se répand, ô tête
d'un corps par trop de douceur absent,

rien ne te vaut, ô toi, suprême essence
de ce flottant séjour;
de cet espace d'amour où à peine l'on avance
ton parfum fait le tour.

Die Rosen

III

Rose, o du bist ein so vollzähliges Gebilde,
das sich selbst unendlich oft enthält
und das unendlich sich verströmt, o dieses
Haupt, um dessen Süße der Leib abwesend bleibt,

nichts ist mit dir vergleichbar, o höchste Essenz
eines schwebenden Aufenthalts;
in diesem Raum der Liebe kommt man kaum voran,
nur dein Parfum durchzieht ihn unbegrenzt.

Les Roses

IV

C'est pourtant nous qui t'avons proposé
de remplir ton calice.
Enchantée de cet artifice,
ton abondance l'avait osé.

Tu étais assez riche, pour devenir cent fois toi-même
en une seule fleur;
c'est l'état de celui qui aime …
Mais tu n'as pas pensé ailleurs.

VI

Une rose seule, c'est toutes les roses
et celle-ci: l'irremplaçable,
le parfait, le souple vocable
encadré par le texte des choses.

Comment jamais dire sans elle
ce que furent nos espérances,
et les tendres intermittences
dans la partance continuelle.

Die Rosen

IV

Doch haben wir dir vorgeschlagen,
den Blütenkelch bis an den Rand zu füllen.
Begeistert warst du, diesen Kunstgriff
in deinem Überfluss zu wagen.

Fühltest dich reich, um hundertmal
du selbst zu sein aus einer Blume;
hingegeben wie die Liebende …
Hast aber nie an anderes gedacht.

VI

Eine Rose allein ist alle Rosen,
und auch diese: die unersetzliche,
schmiegsame Vokabel, von den Texten
der Dinge umgeben.

Wie könnten wir ohne sie je
von unsren Hoffnungen sprechen
und dem sanften Unterbrechen
im beständigen Fortgehn.

Les Roses

XII

Contre qui, rose,
avez-vous adopté
ces épines?
Votre joie trop fine
vous a-t-elle forcée
de devenir cette chose
armée?

Mais de qui vous protège
cette arme exagérée?
Combien d'ennemis vous ai-je
enlevés
qui ne la craignaient point.
Au contraire, d'été en automne,
vous blessez les soins
qu'on vous donne.

Die Rosen

XII

Rose, gegen wen
habt Ihr die Dornen
angenommen?
Euer freudiges und feines
Empfinden hat Euch wohl
dazu gezwungen, diese scharfen
Waffen auszuwählen?

Aber vor wem schützt Euch denn
solch übertriebene Armierung?
Wie viele Feinde habe ich schon
von Euch hinweggejagt,
die nichts erschreckte.
Vom Sommer bis zum späten Herbst
habt Ihr – im Gegenteil – verletzt,
was man an Sorgfalt aufgewandt.

Les Roses

XX

Dis-moi, rose, d'où vient
qu'en toi-même enclose,
ta lente essence impose
à cet espace en prose
tous ces transports aériens?

Combien de fois cet air
prétend que les choses le trouent
ou, avec une moue,
il se montre amer.
Tandis qu'autour de ta chair,
rose, il fait la roue.

XXI

Cela ne te donne-t-il pas le vertige
de tourner autour de toi sur ta tige
pour te terminer, rose ronde?
Mais quand ton propre élan t'inonde,

tu t'ignores dans ton bouton.
C'est un monde qui tourne en rond
pour que son calme centre ose
le rond repos de la ronde rose.

 *Die Rosen*

XX

Sag, Rose, woher kommt,
was du verborgen hältst,
bestimmt dein langsamer Duft
im Raum der Prosa selbst
alle Erregungen der Luft?

Wie oft schon hat die Luft gesagt,
dass die Dinge sie durchbohrten,
oder ihren Mund verzogen,
weil sie bitter war.
Doch um deine Haut, o Rose,
schlägt sie das Rad.

XXI

Runde Rose, warum drehst du dich
bis in den Taumel um dich selbst
auf deinem Stängel zur Vollendung?
Wenn dich dein Schwung so heftig überfällt,

sorgst du dich nicht um dich als Knospe.
Es dreht sich im Kreis eine Welt,
damit ihr stilles Zentrum die runde
Ruhe der runden Rose versuche.

Les Roses

XXIV

Rose, eût-il fallu te laisser dehors,
chère exquise?
Que fait une rose là où le sort
sur nous s'épuise?

Point de retour. Te voici
qui partages
avec nous, éperdue, cette vie, cette vie
qui n'est pas de ton âge.

Die Rosen

XXIV

Dich draußen zu lassen, Rose, wäre es besser gewesen,
du liebe Ausgezeichnete?
Was macht eine Rose, wenn das erschöpfte
Schicksal in uns sich ereignete?

Keine Umkehr. Du bist hier,
und du teilst
mit uns, selbst verstört noch, dieses Leben, dieses Leben,
das nicht ist von deiner Zeit.

Rose, du thronende

Rose, du thronende

Rose, du thronende, denen im Altertume
warst du ein Kelch mit einfachem Rand.
Uns aber bist du die volle zahllose Blume,
der unerschöpfliche Gegenstand.

In deinem Reichtum scheinst du wie Kleidung um Kleidung
um einen Leib aus nichts als Glanz;
aber dein einzelnes Blatt ist zugleich die Vermeidung
und die Verleugnung jedes Gewands.

Seit Jahrhunderten ruft uns dein Duft
seine süßesten Namen herüber;
plötzlich liegt er wie Ruhm in der Luft.

Dennoch, wir wissen ihn nicht zu nennen, wir raten ...
Und Erinnerung geht zu ihm über,
die wir von rufbaren Stunden erbaten.

Gehst du außen Mauern entlang

Gehst du außen Mauern entlang,
kannst du die vielen Rosen nicht schauen
in dem fremden Gartengang;
aber in deinem tiefen Vertrauen
darfst du sie fühlen wie nahende Frauen.

Sicher schreiten sie zwei zu zwein,
und sie halten sich um die Hüften, –
und die roten singen allein;
und dann fallen mit ihren Düften
leise, leise die weißen ein ...

Einmal möcht ich dich wiederschauen

Einmal möcht ich dich wiederschauen,
Park, mit den alten Lindenalleen,
und mit der leisesten aller Frauen
zu dem heiligen Weiher gehn.

Schimmernde Schwäne in prahlenden Posen
gleiten leise auf glänzendem Glatt,
aus der Tiefe tauchen die Rosen
wie Sagen einer versunkenen Stadt.

Und wir sind ganz allein im Garten,
drin die Blumen wie Kinder stehn,
und wir lächeln und lauschen und warten,
und wir fragen uns nicht, auf wen ...

Singe die Gärten, mein Herz

Singe die Gärten, mein Herz, die du nicht kennst; wie in Glas
eingegossene Gärten, klar, unerreichbar.
Wasser und Rosen von Ispahan oder Schiras,
singe sie selig, preise sie, keinem vergleichbar.

Zeige, mein Herz, dass du sie niemals entbehrst.
Dass sie dich meinen, ihre reifenden Feigen.
Dass du mit ihren, zwischen den blühenden Zweigen
wie zum Gesicht gesteigerten Lüften verkehrst.

Meide den Irrtum, dass es Entbehrungen gebe
für den geschehnen Entschluss, diesen: zu sein!
Seidener Faden, kamst du hinein ins Gewebe.

Welchem der Bilder du auch im Innern geeint bist
(sei es selbst ein Moment aus dem Leben der Pein),
fühl, dass der ganze, der rühmliche Teppich gemeint ist.

Früher Apollo

Wie manches Mal durch das noch unbelaubte
Gezweig ein Morgen durchsieht, der schon ganz
im Frühling ist: so ist in seinem Haupte
nichts, was verhindern könnte, dass der Glanz

aller Gedichte uns fast tödlich träfe;
denn noch kein Schatten ist in seinem Schaun,
zu kühl für Lorbeer sind noch seine Schläfe,
und später erst wird aus den Augenbraun

hochstämmig sich der Rosengarten heben,
aus welchem Blätter, einzeln, ausgelöst
hintreiben werden auf des Mundes Beben,

der jetzt noch still ist, niegebraucht und blinkend
und nur mit seinem Lächeln etwas trinkend,
als würde ihm sein Singen eingeflößt.

Das Rosen-Innere

Wo ist zu diesem Innen
ein Außen? Auf welches Weh
legt man solches Linnen?
Welche Himmel spiegeln sich drinnen
in dem Binnensee
dieser offenen Rosen,
dieser sorglosen, sieh:
wie sie lose im Losen
liegen, als könnte nie
eine zitternde Hand sie verschütten.
Sie können sich selber kaum
halten; viele ließen
sich überfüllen und fließen
über von Innenraum
in die Tage, die immer
voller und voller sich schließen,
bis der ganze Sommer ein Zimmer
wird, ein Zimmer in einem Traum.

Die Rosenschale

Zornige sahst du flackern, sahst zwei Knaben
zu einem Etwas sich zusammenballen,
das Hass war und sich auf der Erde wälzte
wie ein von Bienen überfallnes Tier;
Schauspieler, aufgetürmte Übertreiber,
rasende Pferde, die zusammenbrachen,
den Blick wegwerfend, bläkend das Gebiss,
als schälte sich der Schädel aus dem Maule.

Nun aber weißt du, wie sich das vergisst:
Denn vor dir steht die volle Rosenschale,
die unvergesslich ist und angefüllt
mit jenem Äußersten von Sein und Neigen,
Hinhalten, Niemals-Gebenkönnen, Dastehn,
das unser sein mag: Äußerstes auch uns.

Lautloses Leben, Aufgehn ohne Ende,
Raum-brauchen ohne Raum von jenem Raum
zu nehmen, den die Dinge rings verringern,
fast nicht Umrissen-sein wie Ausgespartes
und lauter Inneres, viel seltsam Zartes
und Sich-bescheinendes – bis an den Rand:
ist irgendetwas uns bekannt wie dies?

Und dann wie dies: dass ein Gefühl entsteht,
weil Blütenblätter Blütenblätter rühren?
Und dies: dass eins sich aufschlägt wie ein Lid,
und drunter liegen lauter Augenlider,
geschlossene, als ob sie, zehnfach schlafend,
zu dämpfen hätten eines Innern Sehkraft.
Und dies vor allem: dass durch diese Blätter
das Licht hindurch muss. Aus den tausend Himmeln
filtern sie langsam jenen Tropfen Dunkel,
in dessen Feuerschein das wirre Bündel
der Staubgefäße sich erregt und aufbäumt.

Und die Bewegung in den Rosen, sieh:
Gebärden von so kleinem Ausschlagswinkel,
dass sie unsichtbar blieben, liefen ihre
Strahlen nicht auseinander in das Weltall.

Sieh jene weiße, die sich selig aufschlug
und dasteht in den großen offnen Blättern
wie eine Venus aufrecht in der Muschel;
und die errötende, die wie verwirrt
nach einer kühlen sich hinüberwendet,
und wie die kühle fühllos sich zurückzieht,
und wie die kalte steht, in sich gehüllt,
unter den offenen die alles abtun.

Und *was* sie abtun, wie das leicht und schwer,
wie es ein Mantel, eine Last, ein Flügel
und eine Maske sein kann, je nach dem,
und *wie* sie's abtun: wie vor dem Geliebten.

Was können sie nicht sein: war jene gelbe,
die hohl und offen daliegt, nicht die Schale
von einer Frucht, darin dasselbe Gelb,
gesammelter, orangeröter, Saft war?
Und was für diese schon zu viel, das Aufgehn,
weil an der Luft ihr namenloses Rosa
den bittern Nachgeschmack des Lila annahm?
Und die batistene, ist sie kein Kleid,
in dem noch zart und atemwarm das Hemd steckt,
mit dem zugleich es abgeworfen wurde
im Morgenschatten an dem alten Waldbad?
Und diese hier, opalnes Porzellan,
zerbrechlich, eine flache Chinatasse
und angefüllt mit kleinen hellen Faltern, –
und jene da, die nichts enthält als sich.

Und sind nicht alle so, nur sich enthaltend,
wenn Sich-enthalten heißt: die Welt da draußen
und Wind und Regen und Geduld des Frühlings
und Schuld und Unruh und vermummtes Schicksal
und Dunkelheit der abendlichen Erde
bis auf der Wolken Wandel, Flucht und Anflug,
bis auf den vagen Einfluss ferner Sterne
in eine Handvoll Innres zu verwandeln.

Nun liegt es sorglos in den offnen Rosen.

In einem fremden Park
Borgeby Gård

Zwei Wege sind's. Sie führen keinen hin.
Doch manchmal, in Gedanken, lässt der eine
dich weitergehn. Es ist, als gingst du fehl;
aber auf einmal bist du im Rondell
alleingelassen wieder mit dem Steine
und wieder auf ihm lesend: Freiherrin
Brite Sophie – und wieder mit dem Finger
abfühlend die zerfallne Jahreszahl –.
Warum wird dieses Finden nicht geringer?

Was zögerst du ganz wie zum ersten Mal
erwartungsvoll auf diesem Ulmenplatz,
der feucht und dunkel ist und niebetreten?
Und was verlockt dich für ein Gegensatz,
etwas zu suchen in den sonnigen Beeten,
als wär's der Name eines Rosenstocks?

Was stehst du oft? Was hören deine Ohren?
Und warum siehst du schließlich, wie verloren,
die Falter flimmern um den hohen Phlox.

Der Ast vom Baume Gott

Der Ast vom Baume Gott, der über Italien reicht,
hat schon geblüht.
Er hätte vielleicht
sich schon gerne, mit Früchten gefüllt, verfrüht,
doch er wurde mitten im Blühen müd,
und er wird keine Früchte haben.

Nur der Frühling Gottes war dort,
nur sein Sohn, das Wort,
vollendete sich.
Es wendete sich
alle Kraft zu dem strahlenden Knaben.
Alle kamen mit Gaben
zu ihm;
alle sangen wie Cherubim
seinen Preis.

Und er duftete leis
als Rose der Rosen.
Er war ein Kreis
um die Heimatlosen.
Er ging in Mänteln und Metamorphosen
durch alle steigenden Stimmen der Zeit.

Ich geh jetzt immer den gleichen Pfad

Ich geh jetzt immer den gleichen Pfad:
am Garten entlang, wo die Rosen grad
Einem sich vorbereiten;
aber ich fühle: noch lang, noch lang
ist das alles nicht mein Empfang,
und ich muss ohne Dank und Klang
ihnen vorüberschreiten.

Ich bin nur der, der den Zug beginnt,
dem die Gaben nicht galten;
bis die kommen, die seliger sind,
lichte, stille Gestalten, –
werden sich alle Rosen im Wind
wie rote Fahnen entfalten.

Rosen-Abend

Nenn ich dich Aufgang oder Untergang

Nenn ich dich Aufgang oder Untergang?
Denn manchmal bin ich vor dem Morgen bang
und greife scheu nach seiner Rosen Röte –
und ahne eine Angst in seiner Flöte
vor Tagen, welche liedlos sind und lang.

Aber die Abende sind mild und mein,
von meinem Schauen sind sie still beschienen;
in meinem Armen schlafen Wälder ein, –
und ich bin selbst das Klingen über ihnen,
und mit dem Dunkel in den Violinen
verwandt durch all mein Dunkelsein.

Sommerabend

Die große Sonne ist versprüht,
der Sommerabend liegt im Fieber,
und seine heiße Wange glüht.
Jach seufzt er auf: „Ich möchte lieber …"
Und wieder dann: „Ich bin so müd …"

Die Büsche beten Litanein,
Glühwürmchen hängt, das regungslose,
dort wie ein ewiges Licht hinein;
und eine kleine weiße Rose
trägt einen roten Heiligenschein.

Wilder Rosenbusch

Wie steht er da vor den Verdunkelungen
des Regenabends, jung und rein;
in seinen Ranken schenkend ausgeschwungen
und doch versunken in sein Rosesein;

die flachen Blüten, da und dort schon offen,
jegliche ungewollt und ungepflegt:
so, von sich selbst unendlich übertroffen
und unbeschreiblich aus sich selbst erregt,

ruft er den Wandrer, der in abendlicher
Nachdenklichkeit den Weg vorüberkommt:
Oh sieh mich stehn, sieh her, was bin ich sicher
und unbeschützt und habe, was mir frommt.

Lehnen im Abendgarten beide

Lehnen im Abendgarten beide,
lauschen lange nach irgendwo.
„Du hast Hände wie weiße Seide …“
Und da staunt sie: „Du sagst das so …“

Etwas ist in den Garten getreten,
und das Gitter hat nicht geknarrt,
und die Rosen in allen Beeten
beben vor seiner Gegenwart.

Die Nacht

Doch wart, du Blasser, bis zum nächsten Morgen
sollst du ein wenig König sein.
Ja, willst du? Wart, ich werde, wenn mir's glückt,
aus diesen Rosen dir die Krone schmieden.
Und sind sie nicht mehr frisch, gib dich zufrieden,
mein hoher Herr, du hast sie selbst zerdrückt . . .
Und ihre Finger fügen jetzt geschickt
zu krausem Kranze Rose an um Rose,
auch welke Blätter sind hineingestickt.
Sie legt ihn auf das Haupt, das regungslose
aus leeren Augen ihr entgegenblickt,
dann klatscht sie in die Hände, lacht und nickt:
„Bravissimo, die echte Königspose!"

Schon kommt der Morgen nach den Scheiben zielen;
die ersten Speere stecken in den Dielen
hell, wie sie just durchs fahle Fenster fielen.
Und gegenüber schmilzt schon auf dem Dach
die Dämmerung. Da gähnt das Weib sich wach
und steckt das Kleid sich auf, das Gierde jach
ihr von der Schulter riss. Dann denkt sie nach
und friert und gähnt: „Willst du noch König spielen?"

Sie zerrt ihn auf und murmelt: „Toller Tropf,
willst du mit deiner Krone auf dem Kopf
bei Tage heut nach Haus spazieren gehn?"
Er starrt sie an und kann sie nicht verstehn.
Da streift sie ihm mit mürrischem Gebaren
den dürren Herbstkranz aus den schwarzen Haaren.
Er starrt sie an – und weint, wie von der Stirne
die letzte morgenwelke Rose fällt:
„Wir sind der ew'ge Erbfluch dieser Welt:
Der ewige Wahn ich – du die ewige Dirne." –

Rosennacht

Rosennacht, Rosennacht –
Nacht aus vielen, vielen Rosen,
helle Rosennacht, ich bin dein Schläfer,
heller Schläfer deiner Träume,
tiefer Schläfer deiner kühlen Innigkeiten.
Wie ich mich dir schwindend überliefere,
hast du nun mein Wesen zu bestreiten,
sei mein Schicksal aufgelöst
in das unbegreifliche Beruhn,
und der Trieb, sich aufzutun,
wirke, der sich nirgends stößt.
Rosenraum, geboren in den Rosen,
uns aus vielen Rosen zugegeben,
groß wie Herzraum, dass wir auch noch draußen
fühlen dürfen in dem Raum der Rosen.

Die Fensterrose

Da drin: das träge Treten ihrer Tatzen
macht eine Stille, die dich fast verwirrt;
und wie dann plötzlich eine von den Katzen
den Blick an ihr, der hin und wieder irrt,

gewaltsam in ihr großes Auge nimmt, –
den Blick, der, wie von eines Wirbels Kreis
ergriffen, eine kleine Weile schwimmt
und dann versinkt und nichts mehr von sich weiß

wenn dieses Auge, welches scheinbar ruht,
sich auftut und zusammenschlägt mit Tosen
und ihn hineinreißt bis ins rote Blut –:

So griffen einstmals aus dem Dunkelsein
der Kathedralen große Fensterrosen
ein Herz und rissen es in Gott hinein.

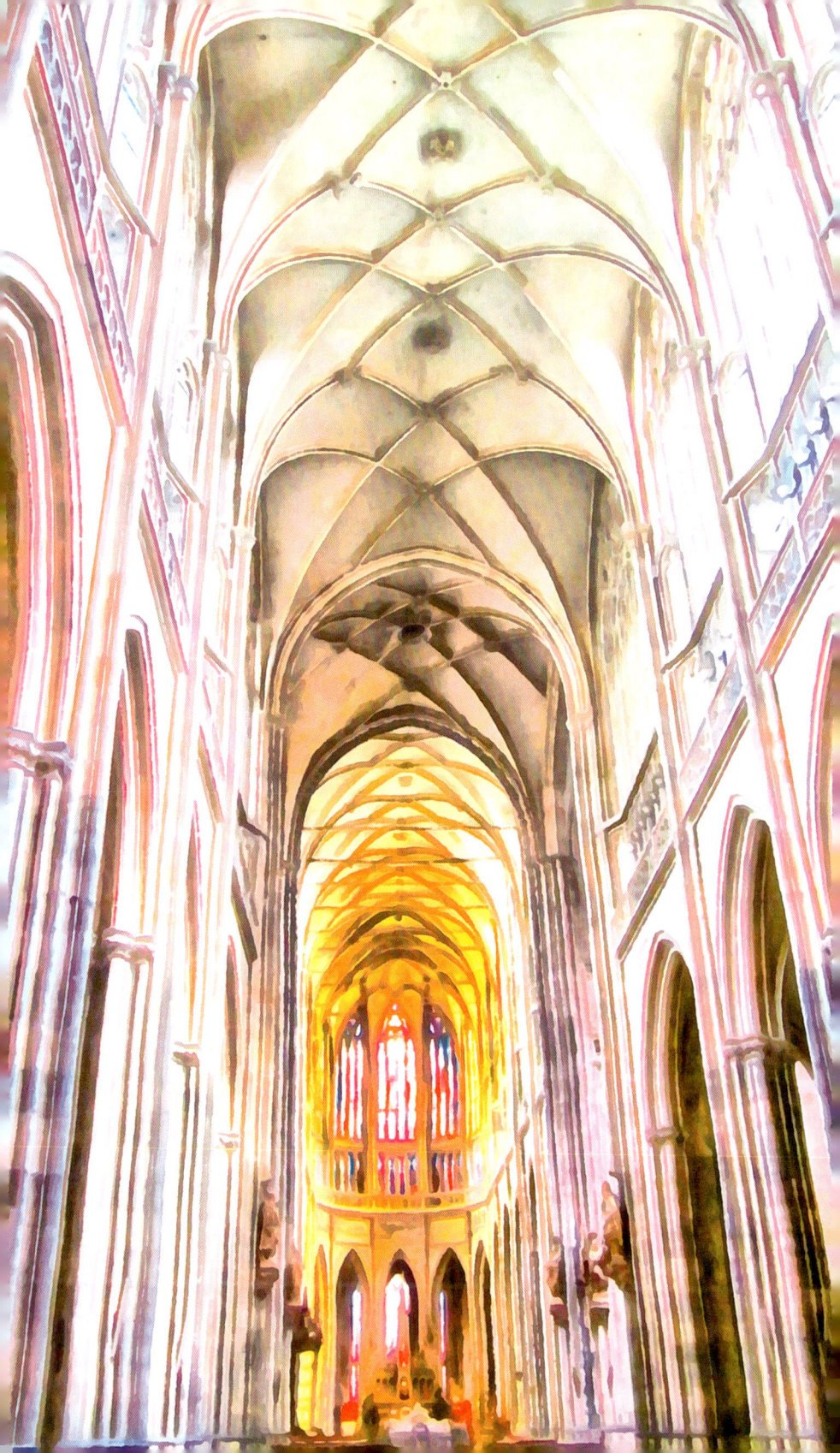